一案两答

珠澳民商事对读案例

[第一辑]

广东省珠海市中级人民法院　编著

人民法院出版社

图书在版编目（CIP）数据

"一案两答"：珠澳民商事对读案例. 第一辑 / 广东省珠海市中级人民法院编著. -- 北京：人民法院出版社，2025. 5. -- ISBN 978-7-5109-4345-4

Ⅰ. D925.118.25

中国国家版本馆CIP数据核字第20252HX810号

"一案两答"：珠澳民商事对读案例（第一辑）
广东省珠海市中级人民法院　编著

策划编辑	韦钦平
责任编辑	张　艺
执行编辑	沈洁雯
封面设计	尹苗苗
出版发行	人民法院出版社
地　　址	北京市东城区东交民巷27号（100745）
电　　话	（010）67550667（责任编辑）　67550558（发行部查询）
	65223677（读者服务部）
客服QQ	2092078039
网　　址	http://www.courtbook.com.cn
E‐mail	courtpress@sohu.com
印　　刷	三河市国英印务有限公司
经　　销	新华书店
开　　本	787毫米×1092毫米　1/16
字　　数	64千字
印　　张	7.75
版　　次	2025年5月第1版　2025年5月第1次印刷
书　　号	ISBN 978-7-5109-4345-4
定　　价	39.00元

版权所有　侵权必究

"一案两答"：珠澳民商事对读案例（第一辑）编委会

主　　编：王智斌　麦永明

编　　委：贺晓翊　张　丹　郭建勇　唐育萍
　　　　　王文娟　韦政敏　孙　志　郑　恒
　　　　　刘高君　莫宇兴　张念波

专家顾问：唐晓晴　马　哲

"一案两答"：珠澳民商事对读案例（第一辑）
编写分工

对读案例第一批编写分工

案例名称	案例撰写人	澳门法律适用分析撰写人
案例一：卓某鑫与胡某强民间借贷纠纷案	王文娟、刘高君	马哲
案例二：李某梅与周某怡等赠与合同纠纷案	莫宇兴、韦政敏	
案例三：李某璟与李某离婚纠纷案	郑恒、韦政敏	
案例四：谈某与王某等债权人撤销权纠纷案	王文娟、韦政敏	
案例五：李某钊与张某机动车交通事故责任纠纷案	王文娟、刘高君	
案例六：澳门某记公司与澳某岛公司等侵害商标专用权纠纷案	孙志	
案例七：冼某荣与张某房屋租赁合同纠纷案	张念波、韦政敏	
案例八：施某永与某派橱柜买卖合同纠纷案	郭建勇、韦政敏	
案例九：姚某彬、王某桑与黄某坚等生命权纠纷案	唐育萍、刘高君	
案例十：李某平与源某珍民间借贷纠纷案	郭建勇、韦政敏	

对读案例第二批编写分工

案例名称	案例来源	内地法律适用分析撰写人
案例一：甲与乙离婚后分割夫妻共同财产案	澳门特别行政区法院、澳门特别行政区终审法院办公室	张丹
案例二：甲诉请乙擅自处分共有物无效案		
案例三：甲诉请乙、丙履行不动产预约抵押合同案		
案例四：甲诉请乙虚伪买卖房屋行为无效案		
案例五：丙诉请甲和乙支付承揽合同报酬案		
案例六：甲诉请因乙迟延履行导致合同解除案		
案例七：甲诉请保证人乙、丙虚伪赠与行为无效案		
案例八：甲诉请乙支付企业转让价款案		
案例九：银行申请宣告甲公司破产案		
案例十：乙与用人单位劳动争议案		

序　言

粤港澳大湾区、横琴粤澳深度合作区建设是习近平总书记亲自谋划、亲自部署、亲自推动的重大国家战略。随着大湾区、合作区建设的深入推进，内地与澳门特别行政区人员往来更加频繁、商贸活动更加活跃。作为大湾区澳珠极点城市，珠海在大湾区、合作区发展建设中肩负着特殊使命。作为涉澳审判"重镇"，近年来珠海法院受理、办结的涉澳案件占全省涉澳案件量70%、全国涉澳案件量近50%。服务和保障大湾区、合作区建设，积极推动内地与澳门特别行政区民商事规则衔接机制对接，珠海法院既具有得天独厚的优势，也是珠海法院服务国家发展战略的职责所在。

广东省珠海市中级人民法院立足习近平总书记对粤港澳

大湾区"一点两地"全新定位，聚焦民商事规则衔接这一关键领域，充分发挥毗邻澳门特别行政区的区位优势及案例资源优势，依托与澳门特别行政区中级法院建立的案例交换机制，在全国率先发布"一案两答：珠澳民商事对读案例"。通过对同一案件分别适用内地与澳门特别行政区法律处理结果进行比较解读，有利于深入揭示两地民商事法律规则异同，增强法治理解与认同，促进民商事规则衔接互鉴；引导民商事主体了解对方的民商事规则、贸易习惯，推动两地民商事活动更加顺畅，在非禁止性规则中作出最优选择，鼓励更多民商事主体到珠海、合作区开展交易活动。

本书收录了第一批、第二批"一案两答：珠澳民商事对读案例"共二十个，涉及婚姻家庭、买卖合同、房屋租赁、知识产权、企业经营、民间借贷等与两地居民工作生活息息相关的领域。其中，第一部分的十个案例选自珠海法院近年审结的涉澳民商事案件，由澳门大学协助撰写"澳门法律适用分析"；第二部分的十个案例选自澳门特别行政区法院审理的民商事典型案件，由珠海法院法官撰写"内地法律适用

序 言

分析"。在此特别鸣谢澳门特别行政区法院以及澳门大学法学院院长唐晓晴教授、高级导师马哲博士等专家学者的大力支持!

广东省珠海市中级人民法院院长 金军

2025 年 5 月

目 录

珠海法院裁判案例与对读

案例一：卓某鑫与胡某强民间借贷纠纷案……………… 3

案例二：李某梅与周某怡等赠与合同纠纷案…………… 8

案例三：李某璟与李某离婚纠纷案……………………… 12

案例四：谈某与王某等债权人撤销权纠纷案…………… 17

案例五：李某钊与张某机动车交通事故责任纠纷案……… 22

案例六：澳门某记公司与澳某岛公司等

　　　　侵害商标专用权纠纷案………………………… 26

案例七：冼某荣与张某房屋租赁合同纠纷案…………… 32

案例八：施某永与某派橱柜买卖合同纠纷案…………… 38

案例九：姚某彬、王某桑与黄某坚等生命权纠纷案……………… 44

案例十：李某平与源某珍民间借贷纠纷案…………………………… 49

澳门法院裁判案例与对读

案例一：甲与乙离婚后分割夫妻共同财产案………………………… 57

案例二：甲诉请乙擅自处分共有物无效案…………………………… 63

案例三：甲诉请乙、丙履行不动产预约抵押合同案………… 69

案例四：甲诉请乙虚伪买卖房屋行为无效案………………………… 74

案例五：丙诉请甲和乙支付承揽合同报酬案………………………… 80

案例六：甲诉请因乙迟延履行导致合同解除案……………………… 85

案例七：甲诉请保证人乙、丙虚伪赠与行为无效案……………… 92

案例八：甲诉请乙支付企业转让价款案……………………………… 97

案例九：银行申请宣告甲公司破产案………………………………… 102

案例十：乙与用人单位劳动争议案…………………………………… 109

珠海法院裁判案例与对读

案例一：卓某鑫与胡某强民间借贷纠纷案

基本案情

卓某鑫与胡某强于 2018 年 8 月通过网络游戏相识并发展成为恋人关系，在胡某强于 2019 年 4 月向卓某鑫提出分手之后，双方于 2019 年 8 月至 2019 年 10 月仍通过支付宝、微信等方式频繁相互转款。

其中，卓某鑫向胡某强转账合计 192 811 元[①]，胡某强向卓某鑫转回合计 76 500 元。

卓某鑫起诉请求胡某强偿还发生在上述期间的款项，胡

[①] 前 10 个案例所涉货币均为人民币。

某强辩称卓某鑫的转账不是借款而是赠与，其无须偿还。

珠海法院裁判结果

广东省珠海市中级人民法院二审生效判决认为，胡某强虽辩称其与卓某鑫之间不存在借款合意，卓某鑫转账系其个人赠与，但在卓某鑫报案的情况下，经公安机关与胡某强视频通话，胡某强向卓某鑫表达还款意愿，只是未确认还款金额和期限。

综合在案证据及双方当事人陈述，对于卓某鑫通过支付宝向胡某强转账的大额款项96 500元，胡某强应当向卓某鑫返还。对于转账中的19 811元，是胡某强用来买银壶送给卓某鑫，胡某强无须偿还。

对于微信转账27 338元，根据卓某鑫对该转账款项用途的陈述以及双方存在互相转账的情况，并考虑到卓某鑫与胡某强之间曾是恋人关系等因素，卓某鑫要求胡某强向其返还，法院不予支持。

双方并未对借款约定利息，但是胡某强占用卓某鑫的款项未还，应当以借款本金96 500元为基数，按照当时一年期贷款市场报价利率自本案一审起诉时起至实际付清之日止向卓某鑫计付利息。

澳门法律适用分析

本案的核心争议如下：其一，曾为情侣关系的原告、被告双方之间的转账行为构成赠与还是借款；其二，如果被认定为借款合同而双方当事人未约定利息，是否计算利息以及如何计算利息。根据《澳门民法典》，赠与合同的其中一个必备要件是赠与人具有慷慨意图，这不同于消费借贷合同，在后者中借用人有返还借用物的义务。本案中的大多数转款行为，原告只是出于暂时帮被告渡过难关的慷慨意愿，并无自损以利他的目的，不构成赠与，而成立消费借贷合同，被告作为借用人，有还款的义务。在本案所涉消费借贷合同中，双方没有约定利息，根据《澳门民法典》中以有偿消费借贷为原则的规定，被告除支付本金外，亦有支付利息的义务，利息按法定利率计算。

法条链接

《最高人民法院关于审理民间借贷案件适用法律若干问题的规定》第二十八条：借贷双方对逾期利率有约定的，从其约定，但是以不超过合同成立时一年期贷款市场报价利率四倍为限。未约定逾期利率或者约定不明的，人民法院可以区分不同情况处理：（一）既未约定借期内利率，也未约定逾期利率，出借人主张借款人自逾期还款之日起参照当时一年期贷款市场报价利率标准计算的利息承担逾期还款违约责任的，人民法院应予支持；（二）约定了借期内利率但是未约定逾期利率，出借人主张借款人自逾期还款之日起按照借期内利率支付资金占用期间利息的，人民法院应予支持。

《澳门民法典》第一千零七十二条第一款：当事人得约定以支付利息作为消费借贷之回报；对消费借贷之性质有疑

问时，推定其为有偿。

《澳门特别行政区第 29/2006 号行政命令》第一条：法定利率以及在无指定利率或金额时订定的利率均为九厘七五。

案例二：李某梅与周某怡等赠与合同纠纷案

基本案情

李某梅与郑某伟是母子关系。郑某伟与周某怡在2014年4月相识恋爱。

2014年11月，李某梅出资在珠海市某小区购买了一套房子和一个车位，办理不动产权证登记至周某怡名下，周某怡也接收了房产和车位。

郑某伟与周某怡于2016年5月登记结婚，婚后育有一子。后因夫妻感情不和，郑某伟于2019年9月向法院提出诉讼离婚。

李某梅提起本案诉讼，请求撤销赠与周某怡的上述房产和车位。

珠海法院裁判结果

广东省珠海市香洲区人民法院一审认为，根据法律规定，赠与人在赠与财产的权利转移之前可以撤销赠与。

李某梅是基于其儿子郑某伟与周某怡的恋爱及婚姻关系而将上述不动产赠与周某怡，赠与的房产和车位已完成过户登记，即赠与财产已经完成权利转移。

现李某梅请求撤销对上述房产和车位的赠与行为法律依据不足，一审法院不予支持，遂驳回李某梅的诉讼请求。李某梅在广东省珠海市中级人民法院二审期间撤回上诉。

澳门法律适用分析

本案的核心争议是该赠与合同可否撤销。《澳门民法典》中设有专节规范"因结婚而作之赠与",第 1619 条第 1 款中规定了两种因结婚而赠与失效的情况,分别是"未在赠与后之一年内结婚,又或虽在一年内结婚但所缔结之婚姻其后被撤销者",以及"受赠人之离婚,且其在离婚中被视为唯一或主要过错人"。而且要求除非有关赠与是在婚前协定中作出的,否则只有在明确指出赠与合同是以受赠人结婚为基础而作出时,才可适用关于因结婚而签订赠与合同的特别规定,此事实由主张适用该等特别规定的当事人一方来证明。根据法院认可的事实,本案所涉赠与合同并不具有诸如行为人无能力、意思欠缺及瑕疵、意思与表示不一致等导致一般的法律行为可撤销的事由,也不存在诸如受赠人失格等导致赠与废止的事由,有关赠与合同有效,受赠人因此取得对赠与物的所有权。

法条链接

《中华人民共和国民法典》第六百五十八条：赠与人在赠与财产的权利转移之前可以撤销赠与。经过公证的赠与合同或者依法不得撤销的具有救灾、扶贫、助残等公益、道德义务性质的赠与合同，不适用前款规定。

《澳门民法典》第一千六百一十五条第一款：因结婚而作之赠与，除须符合法律所特别规定之方式外，尚须明确指出赠与系基于受赠人将会结婚而作出，否则，有关赠与不适用本节规定之特别制度；但属以婚前协定作出赠与者，无须作出上述指明。

《澳门民法典》第一千六百一十九条第一款：因结婚而作之赠与在下列任一情况下失效：a）未在赠与后之一年内结婚，又或虽在一年内结婚但所缔结之婚姻其后被撤销者；在后一情况中，仍适用有关无效婚姻之规定；b）受赠人之离婚，且其在离婚中被视为唯一或主要过错人。

案例三：李某璟与李某离婚纠纷案

基本案情

李某璟（女，澳门特别行政区居民）与李某（男，内地居民）自由恋爱，于2013年9月登记结婚，次年生育儿子李某镇。

2015年10月，李某璟诉讼离婚，法院判决不准离婚。此后，双方未共同生活，也无经济往来。

李某璟在澳门特别行政区赌场工作，月收入19 000元，李某镇出生之后一直随母亲李某璟在澳门特别行政区居住生活。李某原也在澳门特别行政区工作，后因患病回内地休养，靠做散工维持生活，收入仅维持在珠海市基本工资水平。

李某璟再次诉讼请求判决离婚，并要求取得儿子李某镇的抚养权。

珠海法院裁判结果

横琴粤澳深度合作区人民法院生效判决认为，李某璟第一次经法院判决不准离婚后，双方未共同生活，婚姻关系也没有实质性改善，感情确已破裂，准予双方离婚。

判断抚养权归属的决定性因素是父母的抚养条件。

李某镇自出生后在澳门特别行政区居住生活，已经熟悉当地生活环境，且澳门特别行政区当地的经济发展水平、社会福利等优于李某所在的珠海市金湾区平沙镇，李某患病回内地休养，工作尚不稳定，由女方李某璟抚养子女更有利于未成年子女的成长。

横琴粤澳深度合作区人民法院判决婚生子李某镇由李某璟抚养。

澳门法律适用分析

本案的核心问题是应否判决原告、被告离婚,以及如判决离婚时未成年子女抚养权的归属。在澳门特别行政区,离婚分为两愿离婚和诉讼离婚两种。可作为诉讼离婚之申请理由的事实有两类:其一是《澳门民法典》第1635条规定的"过错违反夫妻义务",其二是《澳门民法典》第1637条规定的"共同生活之破坏",本案中的原告、被告双方因为教育子女观念冲突,争吵不断,在原告第一次起诉离婚后更是长期不共同生活,一方具有不再共同生活的意图,一旦双方事实分居连续满两年,可以以夫妻共同生活之破坏为由申请诉讼离婚。诉讼离婚的父母协商确定子女的归属,所达成的协议须经法院认可;如达成的协议不符合未成年子女利益,法院须拒绝认可;如父母未能达成协议,则由法院作出符合未成年子女利益的裁判；如法院裁判将子女交给一方照顾，原则上须保证另一方的探访权，除非探访不符合子女利益。本案中的原告、被告双方未能就谁来行使对未成年子女的亲权达成协议，由法院根据未成年子女的利益，裁判亲权由母亲行使为宜，应为父亲设立探访制度。

法条链接

《中华人民共和国民法典》第一千零七十九条第三款：有下列情形之一，调解无效的，应当准予离婚：（一）重婚或者与他人同居；（二）实施家庭暴力或者虐待、遗弃家庭成员；（三）有赌博、吸毒等恶习屡教不改；（四）因感情不和分居满二年；（五）其他导致夫妻感情破裂的情形。

《澳门民法典》第一千六百三十五条第一款：夫妻任一方均得因他方在有过错下违反夫妻义务，且该违反之严重性或重复性导致不可能继续共同生活，而声请离婚。

《澳门民法典》第一千六百三十七条：下列各项亦为诉

讼离婚之理由：a）事实分居连续两年；b）失踪且音讯全无满三年；c）对方之精神能力发生变化逾三年，且因其严重性导致不可能继续共同生活。

案例四：谈某与王某等债权人撤销权纠纷案

基本案情

王某华系王某、王某某的父亲，王某的母亲为陈某霞，王某某的母亲为王某芳。

2014年8月，王某华与王某芳到珠海市不动产登记中心办理了将王某华名下位于珠海市拱北某房产赠与王某某的转移登记手续，将上述房产登记至王某某名下。

2017年11月，王某华因病去世。谈某称王某华因资金周转需要，曾于2010年9月至11月向谈某借款累计60万元未还，请求法院撤销王某华将上述房产赠与王某某的行为。

珠海法院裁判结果

横琴粤澳深度合作区人民法院一审认为，王某华与王某某系父女关系，王某华赠与王某某的房产，系王某某母亲王某芳与王某华共同共有财产，并非王某华单独所有。

父母对女儿的财产赠与行为，符合社会主义道德及家庭伦理观念，父母对子女赠与财产的法律性质应属于道德义务上的赠与。

父母赠与子女财产虽然属于无偿转让财产，但与普通赠与有很大差异，撤销赠与必须经共有人共同决定，王某某受赠房产时才刚满四岁，王某华赠与王某某房产的行为中包含了其对未成年女儿所应承担的抚养义务，应当认定为具有道德义务的性质，属不可撤销的赠与合同。

同时，涉案房产目前已经通过公证完成赠与并办理了所有权变更登记手续，本案被诉行为的标的不可分，债权人已失去撤销赠与的条件，且撤销该赠与将对王某华未成年女儿王某某的利益产生重大不利影响。一审法院判决驳回谈某的诉讼请求。

广东省珠海市中级人民法院二审维持原判。

澳门法律适用分析

本案的核心争议是，对于债务人生前将其在某不动产中的份额赠与其女儿的行为，债权人能否行使撤销权。本案中王某华向女儿王某某作出的赠与行为发生于借贷行为之后，且赠与之后王某华几无个人财产，明显导致债权的满足成为不可能或者可能性严重降低，根据《澳门民法典》第605条的规定，在符合条件时，债权人可行使争议权。争议权成立的债权人，按其利益限度，可以要求赠与财产的取得人返还。取得人向债权人返还财产后可否要求债务人承担责任，与其是以有偿抑或无偿方式取得有关财产或权利有关。本案所涉受争议行为是赠与，是无偿行为，取得人向债权人返还后，债务人（或其继承人）无须为此向取得人承担责任。本案还涉及继承法上的问题。本案赠与人王某华的另一女儿王某与受赠人王某某同为王某华的特留份继承人，王某华将其在共有房屋中的份额赠与王某某，导致死亡时未遗留任何财产给王某继承，因此，此项赠与为一项损害特留份之慷慨行为。根据《澳门民法典》第2006条规定，王某有权请求从王某某所接受的赠与中扣减填补其特留份所必需的部分。

法条链接

《中华人民共和国民法典》第六百六十条：经过公证的赠与合同或者依法不得撤销的具有救灾、扶贫、助残等公益、道德义务性质的赠与合同，赠与人不交付赠与财产的，受赠人可以请求交付。依据前款规定应当交付的赠与财产因赠与人故意或者重大过失致使毁损、灭失的，赠与人应当承担赔偿责任。

《澳门民法典》第六百零五条：在同时符合以下条件时，债权人对可引致削弱债权之财产担保且不具人身性质之行为，得行使争议权：a）债权之产生先于上述行为，或后于上述行为，属后一情况者，该行为须系为妨碍满足将来债权人之权利而故意作出；b）因该行为引致债权人之债权不可能获得全部满足或使该可能性更低。

《澳门民法典》第六百一十四条：债权人争议权自可撤销之行为作出之日起经过五年失效。

《澳门民法典》第两千零六条：应特留份继承人或其继受人之声请，可从损害特留份之慷慨行为中扣减为填补特留份所必需之部分。

案例五：李某钊与张某机动车交通事故责任纠纷案

基本案情

2020年11月7日，张某驾驶的小型汽车在珠海市某路段与李某钊驾驶的小型汽车发生追尾碰撞，造成车辆损坏的交通事故。

公安交通管理部门事故认定书认定，张某承担事故全部责任，李某钊不负事故责任。李某钊车辆性质为网络预约出租客运车，李某钊系网络预约出租客运车司机。

李某钊起诉请求张某赔偿营运损失2500元。

珠海法院裁判结果

横琴粤澳深度合作区人民法院一审认为，本案系机动车交通事故责任纠纷，过错方应根据事故责任大小承担相应的民事责任。

李某钊驾驶的车辆为客运营运车辆，因本次事故送修必然会产生合理的停运损失。李某钊提交的维修证据可证明其停运5天。综合考虑网约车行业平均收入水平、李某钊每月支出的营运成本等因素，酌情认定每日停运损失为350元，故一审法院支持由张某赔偿李某钊误工损失1750元。

广东省珠海市中级人民法院二审维持原判。

澳门法律适用分析

本案涉及因车辆碰撞引发的民事责任承担，以及损害赔偿的范围问题。第一，关于车辆碰撞事故的责任分担。《澳门民法典》第 499 条规定了两车驾驶员均无过错的情况，根据两车各自对造成有关损害的风险按比例承担责任；如损害仅由一车造成，则仅由须对该损害负责之人对对方负有赔偿义务。第二，关于赔偿范围。根据《澳门民法典》第 558 条第 1 款的规定，受害人因受侵害而丧失之利益属于赔偿范围。李某钊将被撞车辆送去修理，以致有 5 天的时间要停运，李某钊因此次事故遭受 5 天误工损失，属于可赔偿之损害。

法条链接

《中华人民共和国民法典》第一千二百零八条：机动车发生交通事故造成损害的，依照道路交通安全法律和本法的有关规定承担赔偿责任。

《最高人民法院关于审理道路交通事故损害赔偿案件适用法律若干问题的解释》第十二条：因道路交通事故造成下列财产损失，当事人请求侵权人赔偿的，人民法院应予支持：（一）维修被损坏车辆所支出的费用、车辆所载物品的损失、车辆施救费用；（二）因车辆灭失或者无法修复，为购买交通事故发生时与被损坏车辆价值相当的车辆重置费用；（三）依法从事货物运输、旅客运输等经营性活动的车辆，因无法从事相应经营活动所产生的合理停运损失；（四）非经营性车辆因无法继续使用，所产生的通常替代性交通工具的合理费用。

《澳门民法典》第四百九十九条：一、如两车碰撞导致两车或其中一车受损，而驾驶员在事故中均无过错，则就每一车辆对造成有关损害所具之风险按比例分配责任；如损害仅由其中一车造成，而双方驾驶员均无过错，则仅对该等损害负责之人方有义务作出损害赔偿。二、在有疑问时，每一车辆对造成有关损害所具之风险之大小及每一方驾驶员所具有之过错程度均视为相等。

《澳门民法典》第五百五十八条第一款：损害赔偿义务之范围不仅包括侵害所造成之损失，亦包括受害人因受侵害而丧失之利益。

案例六：澳门某记公司与澳某岛公司等侵害商标专用权纠纷案

基本案情

澳门某记公司于2003年在澳门特别行政区登记成立。"某记"商号、"某记"系列商标和"某记手信"先后在中国以及世界诸多国家申请注册，其在国内外尤其是粤港澳地区均具有较高知名度。

澳某岛公司向王某武经营的珠海市香洲优某商行出售印有"某记""某记食品有限公司"字样的食品，在食品包装上标明生产方为香港某记公司及香港特别行政区地址、"内地总代理：澳某岛公司"等字样。

澳门某记公司代理人以普通消费者的身份在上述商行购买相关食品后提起诉讼，请求判令澳某岛公司、王某武等停止侵权行为，并向澳门某记公司赔偿侵权损失 300 万元及合理维权费用 30 500 元。

珠海法院裁判结果

广东省珠海市中级人民法院二审生效判决认为，澳某岛公司在未经澳门某记公司许可的情况下，将澳门某记公司的企业名称"某记食品有限公司"用于其销售的涉案被控侵权产品外包装上，使消费者误解澳某岛公司与澳门某记公司存在许可使用等授权关系，导致相关公众对澳某岛公司销售的涉案被控侵权产品来源产生误认，并因此不正当地获取了比其他竞争者更为有利的地位和利益。

澳某岛公司违反了诚信原则和公认的商业道德，非法攀附和利用了澳门某记公司的声誉，以不正当的手段牟取竞争优势，破坏了正常的竞争秩序，构成不正当竞争行为。

王某武销售的"XO牛肉棒"和"咸切鸡仔饼"印制并突出使用"某记食品有限公司"文字标识，其中"咸切鸡仔饼"上还同时突出使用了"某记"文字标识，因澳门某记公司系列注册商标中的"某记"文字部分具有较强的识别力和显著性，足以使相关公众对澳某岛公司和王某武销售的带有"某记""某记食品有限公司"字样的商品来源产生误认，其行为侵犯了澳门某记公司依法享有的"某记"系列注册商标的专用权。

广东省珠海市中级人民法院判决澳某岛公司、王某武立即停止销售印有"某记"字样的咸切鸡仔饼，停止销售印有"某记食品有限公司"字样的食品，赔偿澳门某记公司经济损失8万元及合理维权费用3000元。

澳门法律适用分析

在澳门特别行政区法律中受到保护的识别标志主要有三

类：其一是商业名称（也可称"商号"），用来识别作为经营主体的经营者；其二是"企业名称"或"营业场所名称"，用来识别和区分经营组织；其三是商标，用来识别和区分商标权利人所提供的产品或服务。对商业名称的保护规定在《澳门商法典》中，而对后两者的保护规定在第 97/99/M 号法令《澳门工业产权法律制度》之中。本案被告澳某岛公司未经许可使用"某记""某记食品有限公司"等标识生产和销售商品，侵犯了原告对其已登记商业名称的专用权和已注册商标的专用权，同时构成不正当竞争行为。根据相关规定，被告应停止其侵权行为，并对已造成的损失进行赔偿，同时也可能承担刑事和行政责任。

法条链接

《中华人民共和国商标法》第五十七条：有下列行为之一的，均属侵犯注册商标专用权：（一）未经商标注册人的许可，在同一种商品上使用与其注册商标相同的商标的；

（二）未经商标注册人的许可，在同一种商品上使用与其注册商标近似的商标，或者在类似商品上使用与其注册商标相同或者近似的商标，容易导致混淆的；（三）销售侵犯注册商标专用权的商品的；（四）伪造、擅自制造他人注册商标标识或者销售伪造、擅自制造的注册商标标识的；（五）未经商标注册人同意，更换其注册商标并将该更换商标的商品又投入市场的；（六）故意为侵犯他人商标专用权行为提供便利条件，帮助他人实施侵犯商标专用权行为的；（七）给他人的注册商标专用权造成其他损害的。

《中华人民共和国反不正当竞争法》第六条：经营者不得实施下列混淆行为，引人误认为是他人商品或者与他人存在特定联系：（一）擅自使用与他人有一定影响的商品名称、包装、装潢等相同或者近似的标识；（二）擅自使用他人有一定影响的企业名称（包括简称、字号等）、社会组织名称（包括简称等）、姓名（包括笔名、艺名、译名等）；（三）擅自使用他人有一定影响的域名主体部分、网站名称、网页等；（四）其他足以引人误认为是他人商品或者与他人存在特定联系的混淆行为。

《澳门商法典》第二十条第一款：商业名称之专用权于采用该名称之人在有权限之登记局登记后即成立。

《澳门商法典》第一百五十九条：一、一切能对竞争者之企业、产品、服务或信誉造成混淆之行为均视为不正当竞争行为。二、所作出之行为能使消费者联想到第三人之产品或服务者，足以视为属不正当竞争行为。

《澳门工业产权法律制度》第二百一十九条第一款：商标之注册使其权利人有权阻止第三人在未经其同意下而在所进行之经济活动中将与注册商标相同或易混淆之标记用于与使用注册商标之产品或服务相同或相似之产品或服务上，又或由于有关标记之相同或相似、产品或服务之相似，以致有关使用使消费者在心理上产生混淆之风险，包括将标记与注册商标相联系之风险。

案例七：冼某荣与张某房屋租赁合同纠纷案

基本案情

2015年11月24日，冼某荣与张某签订一份《物业租赁合同》，约定冼某荣将位于广东省珠海市香洲区的一套房子出租给张某使用，月租金2800元，租赁期限为2015年11月21日至2016年11月20日。

合同签订后，冼某荣将涉案房屋交付给张某使用。租赁期限届满后，双方未重新签订书面租赁合同，张某继续租赁使用涉案房屋。

截至2019年7月31日，张某累计拖欠租金及管理费共计 27 702 元。冼某荣催讨无果，遂向法院提起诉讼。

珠海法院裁判结果

广东省珠海市香洲区人民法院生效判决认为，涉案房屋的租赁期限自 2015 年 11 月 21 日起至 2016 年 11 月 20 日止，租赁期限届满后，张某仍然继续使用租赁物，原租赁合同继续有效，租赁期限为不定期，当事人可以随时解除合同，但出租人解除合同应当在合理期限内通知承租人。

2019 年 6 月 30 日，冼某荣要求张某将房屋内的物品搬离，张某收到上述通知后表示将尽快结清欠付租金，故冼某荣行使合同解除权，符合法律规定。

合同解除后，张某应当将租赁物交还给冼某荣。冼某荣请求张某立即腾退涉案房屋，并支付租金及管理费共计 27 702 元，法院予以支持。张某应按约定的租金标准向冼某荣支付场地占用费。

兼顾本案中合同的履行情况、张某的违约程度以及冼某荣的合同预期利益等综合因素，根据公平原则和诚信原则，法院酌定押金5600元不予退还，自合同解除的次日起，张某应以当月欠付租金总额为基数，按照每日万分之五的标准向冼某荣支付违约金。

澳门法律适用分析

本案的核心问题是不动产租赁合同解除方式终止的问题。根据澳门特别行政区法律的规定，一般的租赁合同中约定的期限届满，原则上失效，但不动产租赁例外。根据《澳门民法典》第1038条第1款规定，本案中，不动产租赁合同约定的一年的存续期届满，任何一方都没有按照法律规定的方式和期间作出单方终止的意思表示，故直至因承租人长期欠缴租金而发生争议之时，双方之间的不动产租赁合同仍处于存续期内。本案被告长期拖欠租金、管理费等，构成对合同义务的严重违反，且未在诉讼答辩前支付或存放所欠之租金及损害赔偿金额，出租人可继续行使其解除权,请求法院作出命令,宣告其与承租人之间的租赁合同解除。一旦不动产租赁合同因解除而终结,《澳门民法典》第1025条第1款规定:"除另有约定外,承租人有义务按受领时租赁物所处之状况,保存及返还租赁物,但就符合合同目的下谨慎使用该物而导致之正常毁损,承租人无须负责。"

法条链接

《中华人民共和国民法典》第五百六十六条:合同解除后,尚未履行的,终止履行;已经履行的,根据履行情况和合同性质,当事人可以请求恢复原状或者采取其他补救措施,并有权请求赔偿损失。合同因违约解除的,解除权人可以请求违约方承担违约责任,但是当事人另有约定的除外。主合同解除后,担保人对债务人应当承担的民事责任仍应当承担担保责任,但是担保合同另有约定的除外。

《中华人民共和国民法典》第五百八十五条:当事人可

以约定一方违约时应当根据违约情况向对方支付一定数额的违约金，也可以约定因违约产生的损失赔偿额的计算方法。约定的违约金低于造成的损失的，人民法院或者仲裁机构可以根据当事人的请求予以增加；约定的违约金过分高于造成的损失的，人民法院或者仲裁机构可以根据当事人的请求予以适当减少。当事人就迟延履行约定违约金的，违约方支付违约金后，还应当履行债务。

《中华人民共和国民法典》第七百三十三条：租赁期限届满，承租人应当返还租赁物。返还的租赁物应当符合按照约定或者根据租赁物的性质使用后的状态。

《中华人民共和国民法典》第七百三十四条：租赁期限届满，承租人继续使用租赁物，出租人没有提出异议的，原租赁合同继续有效，但是租赁期限为不定期。租赁期限届满，房屋承租人享有以同等条件优先承租的权利。

《澳门民法典》第一千零三十八条第一款：不动产租赁期届满后，无任何一方当事人按约定或法律规定之时间及方式提出单方终止者，合同即告续期。

《澳门民法典》第一千零二十五条第一款：除另有约定

外，承租人有义务按受领时租赁物所处之状况，保存及返还租赁物，但就符合合同目的下谨慎使用该物而导致之正常毁损，承租人无须负责。

案例八：施某永与某派橱柜买卖合同纠纷案

基本案情

2019年7月，施某永在珠海市某派橱柜的经营场所认识周某宏，周某宏自称店长。

施某永提出购买衣柜一套，并向周某宏支付58 000元货款。周某宏通过微信向施某永发送《某派家居订购合同书条款》《某派5号馆商场橱柜订购单》的电子截图，均加盖有某派橱柜公章，落款处的销售顾问一栏有周某宏的签名。

2019年9月，施某永多次联系周某宏询问退款到账事宜，但未果。后周某宏向施某永发微信称："因为之前做生意失败，欠下债务，所以用了资金周转，现已在筹备资金，我自愿承担责任，尽力补偿给您带来的损失……"与此同时，某派橱柜向公安机关报案称周某宏涉嫌诈骗，公安机关进行了立案侦查。

施某永起诉请求某派橱柜返还货款 58 000 元，某派橱柜则辩称，施某永和周某宏系私下交易，涉案合同对某派橱柜不发生法律效力。

珠海法院裁判结果

横琴粤澳深度合作区人民法院一审认为，施某永提交的合同及订购单等均加盖有某派橱柜公章，涉案交易发生时，周某宏是某派橱柜员工，其代表某派橱柜对外实施经营行为属职务行为，相应民事责任应由某派橱柜承担。

至于周某宏是否涉嫌犯罪，是某派橱柜内部人员管理问题，不能因此免除某派橱柜对外所负民事责任。

施某永是在某派橱柜的经营场所认识某派橱柜员工周某

宏并按其要求用微信转账的，且合同及订购单均是由该名员工提供给施某永的，并盖有某派橱柜公章，施某永已经尽了一般人的合理注意义务，现合同目的已无法实现，施某永要求某派橱柜返还货款 58 000 元，应予以支持。

广东省珠海市中级人民法院二审维持原判。

澳门法律适用分析

本案的核心争议是某派橱柜是否要为其员工周某宏的行为负责。根据澳门特别行政区法律，这可从合同责任与非合同责任两种路径分析。路径一：某派橱柜的合同责任。某派橱柜与周某宏之间缔结有劳动合同，周某宏执行其职务行为中，周某宏与某派橱柜之间是代理人与被代理人的关系。根据《澳门民法典》第 251 条，周某宏以某派橱柜的名义签订的合同对后者有约束力。即使周某宏属于无权代理，根据本案的情节也构成表见代理，某派橱柜不得以其内部管理上的疏漏对抗作为善意第三人的施某永。路径二：某派橱柜的非合同责任。周某宏在某派橱柜的经营场所认识施某永，与之订立合同并受领货款，但周某宏因为个人原因没有将此款项交付某派橱柜，以至于施某永未能如愿收到所选购的家具并遭受其他损失。根据《澳门民法典》第477条第1款规定，周某宏有向施某永赔偿损失的义务。在本案所涉情况下，施某永除可要求周某宏承担侵权责任外，也可以要求某派橱柜承担风险责任。因为在侵权法上，某派橱柜与周某宏之间是委任人和受任人的关系，依据《澳门民法典》第493条第1款、第2款规定，无论其有无过错，某派橱柜要对周某宏在执行受托职务时给第三人造成的损害负责。向遭受损失的顾客负责后，某派橱柜有权要求周某宏向自己偿还，至于能够要求获得偿还全部还是部分，取决于某派橱柜有无过错及其过错程度。

法条链接

《中华人民共和国民法典》第一百七十条：执行法人或者

非法人组织工作任务的人员,就其职权范围内的事项,以法人或者非法人组织的名义实施的民事法律行为,对法人或者非法人组织发生效力。法人或者非法人组织对执行其工作任务的人员职权范围的限制,不得对抗善意相对人。

《澳门民法典》第二百五十一条:代理人按其被赋予之权限以被代理人名义所作之法律行为,在被代理人之权利义务范围内产生效力。

《澳门民法典》第二百六十一条第二款:然而,如基于考虑有关具体情况而断定在客观上存在应予考虑之理由,以致善意第三人信任该无代理权之人具有作出上述法律行为之正当性,且被代理人曾有意识促使此第三人对该无代理权之人产生信任,则由该无代理权之人作出之法律行为,不论是否经被代理人追认,均对被代理人产生效力。

《澳门民法典》第四百七十七条第一款:因故意或过失不法侵犯他人权利或违反旨在保护他人利益之任何法律规定者,有义务就其侵犯或违反所造成之损害向受害人作出损害赔偿。

《澳门民法典》第四百九十三条:一、委托他人作出任何事务之人，无论本身有否过错，均须对受托人所造成之损害负责，只要受托人对该损害亦负赔偿之义务。二、委托人仅就受托人在执行其受托职务时所作出之损害事实负责，但不论该损害事实是否系受托人有意作出或是否违背委托人之指示而作出。三、作出损害赔偿之委托人，就所作之一切支出有权要求受托人偿还，但委托人本身亦有过错者除外；在此情况下，适用第四百九十条第二款之规定。

案例九：姚某彬、王某桑与黄某坚等生命权纠纷案

基本案情

姚某彬、王某桑为姚某欣父母。

2018年2月26日晚，姚某欣约李某茹、黄某坚等去珠海市某酒吧喝酒，黄某坚又叫来林某恒、黄某华一起喝酒，其间姚某欣醉酒。2月27日凌晨，黄某坚、林某恒送姚某欣、李某茹到某酒店房间后离开。当日上午，李某茹起床后发现姚某欣已死亡。

姚某彬、王某桑起诉请求黄某坚等赔偿死亡赔偿金、丧

葬费及精神抚慰金共计1 001 694元。

珠海法院裁判结果

横琴粤澳深度合作区人民法院一审认为，姚某欣与黄某坚等人相约前往酒吧喝酒，基于这一行为产生了合理的信赖，相信各方当事人会按管理自己事务一般互相照顾、保护对方，并在一方当事人处于危险之中时，会及时予以救助。

虽然姚某欣醉酒后，黄某坚等将姚某欣送至酒店休息，但当时姚某欣已经严重醉酒，且在酒吧保安已建议将姚某欣送往医院的情况下，黄某坚等并未将姚某欣送往医院就医，故黄某坚等对姚某欣的死亡负有一定的责任。

考虑到喝酒是姚某欣所约，且喝酒过程中没有劝酒或者强迫喝酒，法院酌情确定黄某坚、林某恒、李某茹分别对核定的姚某彬、王某桑损失981 694元承担2%的赔偿责任，黄某华承担1%的赔偿责任。

广东省珠海市中级人民法院二审维持原判。

澳门法律适用分析

本案的核心争议如下：在饮酒过程中，共同饮酒人是否对于其他饮酒人因为过量饮酒而面临人身安全方面的风险负有合理注意义务，若未尽合理注意义务，应否承担相应的侵权责任。澳门特别行政区法律中的侵权责任（也称民事责任）包括两大类：其一是过错责任；其二是风险责任，即无过错责任、客观责任。其中前者为原则，后者为例外。本案中的数位被告与受害人共同饮酒，在受害人严重醉酒后，保安人员建议送往医院，而数位被告过于乐观地认为送去酒店即可，结果延误治疗时机，导致受害人死亡。根据《澳门民法典》第477条的规定，被告侵权责任成立。但是，本案中各被告的责任是因过失而产生，过错程度不高，受害人作为身心健全的成年人，是自身生命和身体健康的第一责任人，本案中损害发生的主要原因是受害人自身。考虑到本案中的酒局由受害人组织，受害人对超出自己酒力的饮酒行为未加控制，各被告未有劝酒行为，且在受害人醉酒之后已经积极地采取了一定的救助措施，将过错程度较低的各被告的赔偿责任缩减至损害数额的较低比例，符合《澳门民法典》第487条的规定，也是合理的。

法条链接

《中华人民共和国民法典》第一千一百六十五条：行为人因过错侵害他人民事权益造成损害的，应当承担侵权责任。依照法律规定推定行为人有过错，其不能证明自己没有过错的，应当承担侵权责任。

《中华人民共和国民法典》第一千一百七十条：二人以上实施危及他人人身、财产安全的行为，其中一人或者数人的行为造成他人损害，能够确定具体侵权人的，由侵权人承担责任；不能确定具体侵权人的，行为人承担连带责任。

《澳门民法典》第四百七十七条：一、因故意或过失不法侵犯他人权利或违反旨在保护他人利益之任何法律规定者，有义务就其侵犯或违反所造成之损害向受害人作出损害赔偿。二、不取决于有无过错之损害赔偿义务，仅在法律规定之情况下方存在。

《澳门民法典》第四百八十七条：责任因过失而生者，得按衡平原则以低于所生损害之金额定出损害赔偿，只要按行为人之过错程度、行为人与受害人之经济状况及有关事件之其他情况认为此属合理者。

案例十：李某平与源某珍民间借贷纠纷案

基本案情

2016年5月至2017年12月，李某平向源某珍转账累计1740万元，多数借据约定月息按2%计，少数借据约定月息按2.5%计。此后，源某珍陆续偿还了部分款项。

2021年9月，李某平和源某珍签订《债权债务确认协议》，双方确认截至2021年8月31日，源某珍尚欠李某平借款本金15 372 500元及利息9 857 178元；双方同意，自2021年9月1日起，除前述借款本金及利息外，源某珍还应以剩余未还全部借款本金15 372 500元为基数，按照全国银行间同业拆借中心公布的贷款市场报价利率的四倍标准向李某平支付利息至实际清偿之日止；源某珍将其所有的位于中山市的1个商铺及10个车位转让给李某平，用以抵偿利息2 133 871元。

李某平起诉请求源某珍偿还借款本金15 372 500元及利息，并将上述商铺及车位过户至李某平名下。源某珍辩称，上述《债权债务确认协议》中载明的本金存在息转本及重复计算复息情况。

珠海法院裁判结果

广东省珠海市中级人民法院生效判决认为，本案双方争议的焦点是源某珍尚欠李某平的借款本金及利息数额。

根据《最高人民法院关于审理民间借贷案件适用法律若干问题的规定》，借款人在借款期间届满后应当支付的本息之和，不能超过最初借款本金与以最初借款本金为基数，以年利率24%（自2020年8月20日起为一年期贷款市场报价利率四倍）计算的整个借款期间的利息之和。出借人请求借款人支付超过以上述方法计算的利息的，人民法院不予支持。

李某平请求以年利率24%计算自合同成立到2020年8月19日的利息，以及以起诉时一年期贷款市场报价利率四倍即14.8%计算自2020年8月20日到借款返还之日的利息，法院予以支持，对于超出上述利息金额的部分法院不予持。

根据核算结果，源某珍尚需向李某平偿还借款本金14 147 351.27元及利息4 554 531.53元，并应自2020年8月20日起至实际清偿之日止以本金14 147 351.27元为基数按年利率14.8%向李某平支付利息。

因商铺及车位并未登记在源某珍名下，抵偿协议暂时无法履行，故对该抵偿条款所涉的利息2 133 871元，法院不予处理。

澳门法律适用分析

本案涉及借款合同,即澳门特别行政区法律上的消费借贷合同,争议的焦点在于未偿还本金及利息的数额应如何计算,关涉三个问题。

(一)澳门特别行政区法律允许的最高利率

澳门特别行政区法律中的消费借贷合同可以是有偿合同,也可以是无偿合同,但以有偿为原则。消费借贷合同的利率,原则上取决于当事人的约定(但须遵守法律的限制),如未约定利率,则以法定利率九厘七五计算。当事人约定的利率如果高于法定利率,根据《澳门民法典》第552条第2款的规定,应以书面为之,否则只按法定利息处理。即使以书面方式,澳门特别行政区法律上允许约定的最高利率为法定利率的三倍,即年利率29.25%,否则构成暴利,超出的部分不受法律保护。

(二)关于复利

澳门特别行政区法律允许计算复利,但依据《澳门民法典》第 554 条规定，可计算复利的前提是双方当事人就此达成约定，且滚利作本的期间不能过短，具体而言不能短于 30 日。

（三）关于履行的抵充

根据澳门特别行政区法律，本金之债和利息之债彼此之间具有独立性。根据《澳门民法典》第 555 条规定，债务人可以只清偿本金之债的全部或部分，也可以只清偿利息之债的全部或部分。当债务人向债权人作出一定给付，但金额不足以消灭所有的本金之债和利息之债时，依据《澳门民法典》第 772 条、第 774 条规定，原则上由债务人指定哪项债务或其部分被消灭。如未指定，推定先抵充利息后抵充本金，如果债务人想首先抵充本金，须获得债权人的同意。

法条链接

《最高人民法院关于审理民间借贷案件适用法律若干问题的规定》第二十七条第二款：按前款计算，借款人在借款期间届满后应当支付的本息之和，超过以最初借款本金与以最初借款本金为基数、以合同成立时一年期贷款市场报价利率四倍计算的整个借款期间的利息之和的，人民法院不予支持。

《澳门特别行政区第29/2006号行政命令》第一条：法定利率以及在无指定利率或金额时订定的利率均为九厘七五。

《澳门民法典》第五百五十二条第二款：以高于上款规定之利率订定利息时，应以书面为之，否则只按法定利息处理。

《澳门民法典》第七百七十二条第一款：债务人对同一债权人有数项同类债务，而债务人作出之一项给付不足以消灭所有债务者，由债务人选定其履行所抵充之债务。

《澳门民法典》第七百七十四条：一、债务人除须支付本金外，如亦有义务支付开支、利息或因迟延而须对债权人作出之损害赔偿，而有关给付不足以抵偿全部债务，则推定该给付依次抵作开支、损害赔偿、利息及本金。二、抵充本金仅得在最后为之，但债权人同意先行抵充者除外。

澳门法院裁判案例与对读

案例一：甲与乙离婚后分割夫妻共同财产案

基本案情

甲与乙于1985年9月26日在内地结婚，两人没有订立婚前及婚后协定。1986年，两人的儿子出生，甲继续在澳门特别行政区工作及居住，初期乙与儿子留在内地生活。1987年8月31日，甲与其母亲共同购买位于澳门特别行政区的涉案房屋并登记在两人名下，两人各自占房产1/2的所有权份额。1996年，乙与儿子前往澳门特别行政区，与甲及甲的母亲一同居住在上述房屋。其后，甲通过继承取得了原属其母亲的上述房产1/2所有权份额。2015年9月16日，甲向澳门特别行政区初级法院请求宣告解除与乙的婚姻关系，法院作出离婚判决，并于 2018 年 11 月 13 日转为确定判决，但没有进行财产分割等程序。自 2000 年起，甲搬离上述房屋，乙与儿子则继续居住在该房屋至今。此外，乙妨碍甲进入、使用上述房屋。甲向澳门特别行政区初级法院提起诉讼，要求乙立即搬离涉案房屋并将之返还给甲。乙提出反诉，要求相关涉案房产 1/2 之所有权份额为甲和乙共同拥有之财产。

澳门法院裁判结果

澳门特别行政区初级法院生效判决认为，对于乙提出的反诉，涉案房屋的所有权于 1987 年 8 月 31 日转移至甲及其母亲，两人各占 1/2。由于内地及澳门特别行政区法律均规定夫妻在无婚前协定的情况下，候补适用取得共同财产制的财产制度，考虑到双方当事人于 1985 年结婚，而房产是在两人婚姻存续期间取得，故应将之视为两人的夫妻共同财产。涉案房屋原属于甲母亲的 1/2 份额由甲通过继承取得，而原登记在甲名下的 1/2 份额则属甲和乙的夫妻共同财产。对于返还房屋的请求，甲和乙为房屋的共同权利人，都有权进行使用，但不能偏离物品之原定用途及剥夺其他共同权利人同样享有之使用权利，因此，甲要求乙立即搬离的请求不应完全获得满足。此外，考虑到乙曾妨碍甲进入、使用房屋，甲作为共有人的权利受到妨碍，虽然不能完全满足其要求乙立即搬离并返还房屋之请求，但亦应判处乙不能妨碍甲作为共有人同样享有的权利。综上所述，法院判决：（1）甲要求乙立即搬离涉案房屋的请求不成立；（2）判处乙承认甲是涉案房屋的共同所有人，甲同样拥有使用及收益的权利，乙不能对有关权利进行妨碍；（3）宣告登记在甲名下的 1/2 所有权份额是甲与乙在婚姻存续期间所取得的共同财产。

内地法律适用分析

　　本案的核心争议为涉案房产的 1/2 产权是否为夫妻共同

财产，以及乙是否需要搬离并返还房屋。内地的法定夫妻财产制是婚后所得共同制，即夫妻在婚姻关系存续期间取得的财产原则上为夫妻共同财产。若婚后一方出资购房并登记在自己名下，但不能证明该出资款项为其婚前个人财产时，该房产也应认定为夫妻共同财产。因此，涉案房屋的 1/2 所有权份额为甲、乙婚姻关系存续期间的共同财产。关于乙是否应向甲返还涉案房屋，根据《中华人民共和国民法典》第 235 条的规定，返还原物请求权行使的前提是占有人的无权占有。乙作为共有人并非无权占有，故甲无权主张乙返还涉案房屋，但乙亦不应妨碍甲行使共有权利。考虑到夫妻离婚后同居一室不符合常理，双方可以协商由一方占有使用房屋，同时给另一方相应的补偿。值得说明的是，关于原属甲母亲的涉案房产 1/2 份额的归属，如果遗嘱或赠与合同指明财产只归夫妻一方所有的，应当尊重其中对财产的处分，否则应认定为夫妻共同财产。

法条链接

《澳门民法典》第一千三百零二条：一、就共有物之使用无订立规章时，任何共有人均可使用之，但不能偏离该物之原定用途及剥夺其他共同权利人同样享有之使用权利。二、共有人中之一人使用共同物，不构成其对该物之单独占有或对超过其份额之部分之占有；但占有之名义已转变者除外。

《澳门民法典》第一千六百零五条：一、就夫或妻因第三人之赠与或遗嘱处分而获得之财产，如赠与人或遗嘱人规定该等财产须归入共同财产内，则归入之；如上述之慷慨行为系对夫妻双方作出，则视赠与人或遗嘱人之意思为将有关财产归入共同财产内。二、第一千五百九十一条第二款及第三款之规定，适用之。

《澳门民事诉讼法典》第五百六十四条第三款：如原应声请返还占有但却声请维持占有，或原应声请维持占有但却声请返还占有，则法官须按实际出现之情况审理该请求。

《中华人民共和国民法典》第一千零六十二条：夫妻在婚姻关系存续期间所得的下列财产，为夫妻的共同财产，归夫妻共同所有：（一）工资、奖金、劳务报酬；（二）生产、经营、投资的收益；（三）知识产权的收益；（四）继承或者受赠的财产，但是本法第一千零六十三条第三项规定的除外；（五）其他应当归共同所有的财产。夫妻对共同财产，有平等的处理权。

《中华人民共和国民法典》第一千零六十三条：下列财产为夫妻一方的个人财产：（一）一方的婚前财产；（二）一方因受到人身损害获得的赔偿或者补偿；（三）遗嘱或者赠与合同中确定只归一方的财产；（四）一方专用的生活用品；（五）其他应当归一方的财产。

案例二：甲诉请乙擅自处分共有物无效案

基本案情

甲欲以港币 166 万元购买一套位于澳门特别行政区的房屋，因其年纪太大不能贷款买房，于是与其儿子乙及女儿丙口头约定，甲出首付款，以乙的名义向银行贷款，丙为贷款提供担保，并由乙与丙负责每月分期偿还贷款作为向甲支付家庭开支，房屋由甲和乙共有。购买房屋后，甲与其丈夫丁、儿子乙、女儿丙共同居住。其后乙与戊结婚并一同搬到涉案房屋居住，但与甲的关系恶化。2014 年，乙和戊不顾家人反对将涉案房屋以澳门币 318.99 万元出售给己及庚，并侵吞了所得款项。甲遂针对乙、戊、己及庚向澳门特别行政区初级法院提起诉讼,请求宣告房屋买卖无效,或因乙确定不履行而宣告解除其与乙的口头协议,并因此请求乙向甲赔偿约澳门币344万元。

澳门法院裁判结果

澳门特别行政区初级法院裁定甲的诉讼理由部分成立,乙须向甲返还澳门币299.6万元及法定利息。乙及戊不服,向澳门特别行政区中级法院提起上诉,澳门特别行政区中级法院驳回上诉,维持澳门特别行政区初级法院的决定。乙及戊仍不服,向澳门特别行政区终审法院提起上诉,澳门特别行政区终审法院裁定上诉理由不成立。法院生效判决认为:已认定甲主张的大部分事实,但未能证明乙及戊合谋令其名字没有出现在公证书及物业登记上。对于甲、乙及戊而言,甲及乙均为涉案房屋的所有人及各占一半业权。根据已证事实,甲出资近1/4购入涉案房屋旨在让家庭改善居住环境,乙及戊清楚知道房屋并非全属于乙所有及该房屋属于一家人的共同居所，但仍罔顾一家人的强烈反对而将房屋出售并侵吞所有价金，乙及戊的行为符合《澳门民法典》第273条第2款规定的违反善良风俗的情况，但由于未能证实己及庚知悉甲及乙之间的协议，不可视有关买卖行为因违反善良风俗而导致无效。本案中已证明乙及戊将有关房屋出售时，该房屋最少可卖澳门币599.2万元，但他们却以澳门币318.99万元出售。甲并没有参与确认上述房屋出售价格，乙及戊将作为甲家庭居所的房屋出售，甲所损失的不只是房屋出售金额的一半，她还失去居住在房屋中的权利。因此根据《澳门民法典》第560条第5款之规定，以裁判作出时有关房屋的市场价格来衡量甲的实际损失，才能弥补对甲的合法权利及期盼的侵害。

内地法律适用分析

本案的核心争议是乙未经共同所有人甲的同意出卖涉案

房屋后，违约责任的认定问题。订立合同可以采用口头形式。本案中，甲同其子女乙、丙约定房屋由甲和乙共有，系甲与乙、丙真实的意思表示，不违反法律、行政法规的强制性规定，属于有效合同。《中华人民共和国民法典》第209条规定，不动产物权的设立、变更、转让和消灭，经依法登记，发生效力。涉案房屋以乙的名义向银行申请贷款且登记在乙的名下，该房屋所有权归属乙，甲、乙关于共有房屋的约定只能产生合同法上的效力，不能产生物权法上的效力。乙出卖涉案房屋为有权处分，已及庚依法取得房屋所有权，甲无权取回。但乙违反了其与甲的约定，甲可以请求乙依法承担违约责任。《中华人民共和国民法典》同样规定合同违约的赔偿采用赔偿实际损失原则，包括合同履行后可以获得的利益。认定损失时，应当根据损失发生时涉案房屋的市场价格确定。同时由于甲还要另觅居所，所产生的费用也可纳入违约责任的赔偿范围。

法条链接

《澳门民法典》第二百七十三条：一、法律行为之标的，如在事实或法律上为不能、违反法律或不确定，则法律行为无效。二、违反公共秩序或侵犯善良风俗之法律行为无效。

《澳门民法典》第五百六十条第五款：定出金钱之损害赔偿时，须衡量受害人于法院所能考虑之最近日期之财产状况与如未受损害而在同一日即应有之财产状况之差额；但不影响其他条文规定之适用。

《澳门民法典》第七百八十七条：债务人因过错而不履行债务，即须对债权人因此而遭受之损失负责。

《中华人民共和国民法典》第二百零九条第一款：不动产物权的设立、变更、转让和消灭，经依法登记，发生效力；未经登记，不发生效力，但是法律另有规定的除外。

《中华人民共和国民法典》第四百六十九条第一款：当事人订立合同，可以采用书面形式、口头形式或者其他形式。

《中华人民共和国民法典》第五百八十四条：当事人一方不履行合同义务或者履行合同义务不符合约定，造成对方损失的，损失赔偿额应当相当于因违约所造成的损失，包括合同履行后可以获得的利益；但是，不得超过违约一方订立合同时预见到或者应当预见到的因违约可能造成的损失。

案例三：甲诉请乙、丙履行不动产预约抵押合同案

基本案情

2019年7月10日，甲与乙、丙就位于澳门特别行政区的涉案房屋签订《不动产预约抵押合同》。甲于2020年6月1日发函通知乙、丙，提示其于2020年7月8日到公证署签署抵押公证书，乙、丙当日没有出现，甲通过电话联系并前往乙、丙的联系地址，均未能找到乙、丙。甲遂针对乙、丙向澳门特别行政区初级法院提起特定执行之诉，主张乙、丙未按照合同约定，在指定日期与其签订涉案不动产抵押的本

约合同。从而请求法院作出宣告，使乙、丙针对涉案房屋向甲设定抵押。

澳门法院裁判结果

澳门特别行政区初级法院生效判决认为，乙、丙在欠缺任何原因之情况下没有遵守预约合同之义务，没有在指定日期与甲订立本约合同，亦没有联络甲。根据《澳门民法典》第788条第1款的规定，就债务之不履行或瑕疵履行，须由债务人证明非由其过错造成，该规定亦适用于债务人迟延的情况，除非债务人证明迟延履行非由其过错造成，否则推定其对迟延履行具有过错。由于乙、丙没有按时与甲订立本约合同，经传唤后也没有提交答辩状。在欠缺其他相反证据下，乙、丙固然无法合理推翻其在迟延上的过错。考虑到不存在相反协议，法院裁定甲提出的诉讼请求成立，因而决定取代乙、丙向甲作出将二人所拥有之房屋抵押给甲的意思表示。

内地法律适用分析

本案的核心争议是预约合同的违约责任承担。预约，是指当事人约定将来订立一定合同（本约）的合同。预约合同是独立的合同，只有履行了预约合同中的订立本约合同的义务，本约合同才成立。违反预约合同约定不履行订立本约义务的当事人，应当承担违约责任；具备解除条件的，守约方可以请求解除预约合同。本案中乙、丙未按照预约合同约定履行订立本约合同的义务，存在违约行为，应当承担违约责任。违反预约合同较常见的违约责任包括承担违约金责任、承担定金责任、损害赔偿等。违约金原则上与损害赔偿不能并用，但当违约金过低或者过高时，可以请求法院合理增加或者减少。在违约金低于当事人受到的损失时，也可以另行请求赔偿损失。预约合同的损失主要指"所受损失"，通常包括订立预约合同所支付的各项费用、准备为签订本约合同所支付的费用、已付款项的法定孳息，以及提供担保造成的损失等。值得注意的是，与《澳门民法典》所规定的经预约合同的守约方申请，法院可以判决代替执行，本约合同随即成立不同，《中华人民共和国民法典》并没有将实际履行本约合同规定为预约合同的违约责任承担方式。

法条链接

《澳门民法典》第八百二十条第一款、第二款、第三款：一、如一人承担订立某合同之义务，而不遵守该预约，则在无相反之协议下，他方当事人得获得一判决，以产生未被该违约人作出之法律行为意思表示之效力，但此与违约人所承担债务之性质有抵触者除外。二、为着上款规定之效力，在预约合同中，单纯存在交付订金之事实或曾为合同之不履行而定出违约金，均不视为相反之协议，而预约系涉及有偿移转或设定房地产或其独立单位上之物权时，只要预约取得人已取得合同标的物之交付，即使有相反协议，预约取得人仍享有请求特定执行之权利。三、应违约人之声请，法院得在产生未被该违约人作出之法律行为意思表示效力之判决中，命令按第四百三十一条之规定变更合同。

《中华人民共和国民法典》第四百九十五条：当事人约定在将来一定期限内订立合同的认购书、订购书、预订书等，构成预约合同。当事人一方不履行预约合同约定的订立合同义务的，对方可以请求其承担预约合同的违约责任。

《中华人民共和国民法典》第五百八十五条：当事人可以约定一方违约时应当根据违约情况向对方支付一定数额的违约金，也可以约定因违约产生的损失赔偿额的计算方法。约定的违约金低于造成的损失的，人民法院或者仲裁机构可以根据当事人的请求予以增加；约定的违约金过分高于造成的损失的，人民法院或者仲裁机构可以根据当事人的请求予以适当减少。当事人就迟延履行约定违约金的，违约方支付违约金后，还应当履行债务。

案例四：甲诉请乙虚伪买卖房屋行为无效案

基本案情

甲为位于澳门特别行政区的不动产的所有人，乙于2011年提议甲假意将有关不动产出售给乙，由乙将该不动产抵押给银行以取得贷款，甲每月可收取港币6000元的利润，为期3年，3年后乙将不动产返还给甲，有关的银行贷款及供款均由乙承担。甲出于贪念同意乙的建议，双方于2011年8月5日签订买卖公证书，声明以港币250万元将有关不动产出售给乙，但甲从没有收取买卖价金。乙向银行借取贷款，在偿还甲为取得该不动产而原本向银行借取的贷款及相关开支后，余下的价金则存入乙的银行账户内。2011年8月5日至2014年8月5日，乙承诺每月将港币6000元存入甲的银行账户作为利润，而甲则继续居住在该不动产内并负担水、电、管理费及税项。上述买卖及抵押行为已于2011年8月22日作出登记。2015年1月30日，乙与丙签订预约买卖合同以出售该不动产，丙随即以该预约合同作出临时登记。同年4月13日，丙与乙的授权人签订买卖公证书，乙以港币410万元将该不动产出售给丙，丙亦将不动产抵押给银行以取得贷款，有关买卖及抵押行为亦已于2015年4月14日作出登记。甲向澳门特别行政区初级法院提起诉讼，请求宣告甲与乙签订的买卖及抵押公证书、乙与丙签订的预约买卖合同及相关的买卖和抵押公证书均为无效或可撤销，继而宣告相关的登记亦为无效或可撤销，以及取消有关登记及附注，判决甲对不动产享有所有权。同时，甲补充请求乙与丙共同及连带地向甲赔偿不少于澳门币500万元的不动产物业价值。

澳门法院裁判结果

澳门特别行政区初级法院生效判决认为，本案的不动产已出售给乙，但是实质上乙并没有买该不动产及支付价金给甲，乙亦没有将从银行处获得的贷款交给甲，甲仍实质上持有该不动产及继续负担一切开支，甲与乙作出的买卖房屋的意思表示与真正的意思表示不一致。甲与乙为欺骗银行合意作出了不符合真实意思表示的行为，二人的买卖行为属于虚伪行为，应为无效。由于甲与乙的买卖行为无效，原则上乙其后出售房屋给丙的行为也因继后瑕疵而应被视为无效，但如丙为善意第三人除外。丙未能证明其不知悉虚伪的情况，因而未能证明其为善意第三人。因此，乙与丙之间的买卖行为也继而无效。在宣告登记无效方面，由于甲没有主张任何登记的瑕疵，法院驳回有关请求。针对取消登记及附注的请求，法院释明，甲可凭借判决自行向物业登记局作出撤销申请，故驳回有关请求。法院判决甲与乙的买卖行为、乙与丙的买卖行为及签订的预约合同基于虚伪行为而无效，驳回其他请求。

内地法律适用分析

本案的核心争议是甲与乙关于涉案不动产的买卖行为是否构成虚假行为，该行为及其嗣后的法律行为是否因属于虚假行为而无效或可撤销。根据《中华人民共和国民法典》，行为人与相对人以虚假的意思表示实施的民事法律行为无效。本案中，即使甲与乙已经签订了买卖公证书并进行了产权变更登记，但并没有实质上的价金交付，甲与乙的买卖房屋行为也与其真实的意思表示不一致，故可以认定甲与乙买卖涉案房产的行为是双方故意达成的虚假意思表示，该买卖合同无效。虽然房屋已经转移登记到乙名下，因原因行为无效，物权变动也为无效，故乙并未取得房屋所有权。乙将房屋出卖给丙的行为属于无权处分。根据《中华人民共和国民法典》第597条的规定，乙无处分权不影响其与丙的买卖合同效力。如无其他影响合同效力的因素，应认定乙、丙之间的买卖合同有效。无处分权人将房产转让给受让人，真实权利人有权追回，但当受让人为善意第三人时除外。在司法实践中，认定善意取得应具备以下条件：受让人受让财产时必须善意；财产是以合理价格进行转让；转让的财产依照规定应当登记的已经登记，无须登记的已交付给受让人。在判断受让人是否为善意时，应当由真实权利人对受让人不构成善意承担举证证明责任。涉案房屋由甲居住，丙未尽合理注意义务查看房屋，不能认定为善意，甲有权取回房屋。丙因乙违约未能取得涉案房屋，可依法追究乙的违约责任。

法条链接

《澳门民法典》第二百三十二条：一、如因表意人与受意人意图欺骗第三人之协议而使法律行为之意思表示与表意人之真正意思不一致，则该法律行为系虚伪行为。二、虚伪行为无效。

《澳门民法典》第二百三十五条：一、对于自表见权利人取得权利之善意第三人，且其权利系与曾为虚伪行为标的之财产有关者，不得以虚伪所引致之无效对抗之。二、善意系指于设定有关权利时不知存有虚伪情况。三、如就针对虚伪行为之诉讼已作出登记，则对在登记后方取得权利之第三人必视为恶意第三人。

《中华人民共和国民法典》第一百四十六条第一款：行为人与相对人以虚假的意思表示实施的民事法律行为无效。

《中华人民共和国民法典》第三百一十一条：无处分权人将不动产或者动产转让给受让人的，所有权人有权追回；除法律另有规定外，符合下列情形的，受让人取得该不动产或者动产的所有权：（一）受让人受让该不动产或者动产时是善意；（二）以合理的价格转让；（三）转让的不动产或者动产依照法律规定应当登记的已经登记，不需要登记的已经交付给受让人。受让人依据前款规定取得不动产或者动产的所有权的，原所有权人有权向无处分权人请求损害赔偿。当事人善意取得其他物权的，参照适用前两款规定。

案例五：丙诉请甲和乙支付承揽合同报酬案

基本案情

甲和乙委托丙公司对家庭居所进行装修，经协商，丙公司于2015年向甲和乙提供了第一份报价单。工程进行期间，甲和乙多次变更工程内容，丙公司按要求更新报价单，甲最终于2016年3月22日的报价单上签名，工程总金额为澳门币522 950元，且在报价单上加入"在工程验收合格后，以实际工程量计算余款"的声明。甲和乙在工程后共支付了澳门币30万元，丙公司已按合同完成所有工程并将房屋交还给甲和乙。丙公司曾多次催促甲和乙支付余款，甲和乙仍未支付。丙公司遂向澳门特别行政区初级法院提起诉讼，请求判处甲和乙支付工程款项澳门币 211 238 元及相关的迟延利息。

澳门法院裁判结果

澳门特别行政区初级法院生效判决认为，丙公司与甲和乙所订立的合同为《澳门民法典》第 1133 条规定的承揽合同，丙公司作为承揽人有义务证明其已完成工程，有权要求甲和乙支付工程价金。根据已证事实，除甲和乙指示无须进行的工程外，丙公司已完成所有载于报价单上的工程，证明丙公司已完成双方协议约定的所有工作。根据案中的多份报价单，各项工程的价金基本维持一致，总价金会因工程的增减而增多或减少，双方已就工程价金及付款期限达成合意，且甲和乙的答辩及法院的勘验可以证明房屋已交付甲和乙，未能证明甲和乙曾对工程作出保留及要求丙公司修补任何瑕疵，应认定甲和乙已接受了工程，报酬应在交付时支付。关于工程的瑕疵方面，庭审中，甲、乙证明丙公司执行的工作中有三项工作存在瑕疵，但相关瑕疵不严重且未影响房屋实际用途及功能，甲和乙拒绝支付差不多一半的价金并不合理。当工程存在瑕疵时，定作人应先要求除去瑕疵或重造，两者不可行时才可要求减少工程价金。本案中甲、乙未能证明其曾要求丙公司除去瑕疵或重造，不能直接要求减少工程价金。法院判处甲和乙向丙公司支付澳门币 211 238 元及相应的迟延利息。

内地法律适用分析

本案的核心争议是建设工程施工合同中发包人和承包人的权利义务。丙公司按照甲、乙的要求完成装修工程，交付工作成果，甲、乙支付报酬，双方形成建设工程施工合同关系。丙作为承包人和施工人，负有向发包人甲、乙交付质量合格的建设工程的义务。《中华人民共和国民法典》第801条规定，因施工人的原因致使建设工程质量不符合约定的，发包人有权请求施工人在合理期限内无偿修理或者返工、改建。发包人未验收装修工程就接收使用，也未请求施工人修理或者返工、改建，随后以装修成果质量与合同不符主张其权利的，法院一般不予支持，除非装修成果存在根本上的质量问题。发包人未按照约定支付价款，承包人可以催告发包人在合理期限内支付价款。本案中，甲、乙已接收房屋且未提出异议，丙公司的工作瑕疵不严重且未影响实际用途及功能，甲、乙作为发包人拒绝支付近一半的工程报酬没有事实和法律依据，应当承担违约责任。

法条链接

《澳门民法典》第一千一百四十四条：一、定作人在接受工作物前，应检验工作物是否符合约定条件及无瑕疵。二、检验应于惯常期间内作出，无惯常期间时，应在承揽人作好可供定作人检验之一切准备后之一段合理期间内为之。三、任一方当事人有权要求由专家进行检验，而费用由其负担。四、检验结果应通知承揽人。五、不对工作物进行检验或不将检验结果通知承揽人视为对工作物之接受。

《澳门民法典》第一千一百四十七条：一、如瑕疵可予除去，定作人或取得工作物之第三人有权要求承揽人除去瑕疵；如瑕疵不能除去，则定作人得要求重造工作物。二、除去瑕疵之开支与有关利益不成比例时，上款赋予之权利即告终止。

《中华人民共和国民法典》第八百零一条：因施工人的原因致使建设工程质量不符合约定的，发包人有权请求施工人在合理期限内无偿修理或者返工、改建。经过修理或者返工、改建后，造成逾期交付的，施工人应当承担违约责任。

《中华人民共和国民法典》第八百零七条：发包人未按照约定支付价款的，承包人可以催告发包人在合理期限内支付价款。发包人逾期不支付的，除根据建设工程的性质不宜折价、拍卖外，承包人可以与发包人协议将该工程折价，也可以请求人民法院将该工程依法拍卖。建设工程的价款就该工程折价或者拍卖的价款优先受偿。

案例六：甲诉请因乙迟延履行导致合同解除案

基本案情

甲和乙是从事不动产中介业务的公司。乙与澳门特别行政区一幢新建楼宇的业主订立合同，约定乙对该楼宇内的独立单位进行促销，并可以通过与其他地产经纪合作的方式进行上述推销活动。乙于2016年10月25日与甲订立了包含提供推销服务条款的合同，甲根据该合同向乙支付了港币500万元作为预付保证金。2016年11月1日，甲与乙订立了24份合同（每一份合同仅涉及楼宇中的一个独立单位）替代前一份协议，为此甲再向乙支付港币11 308 840元，共支付了港币 16 308 840 元。双方约定，若在 2016 年 12 月 5 日仍未完成 24 个独立单位的促销，则甲须支付金额为港币 16 308 840 元的保证金。甲在 2016 年 11 月 2 日前共促成了 7 个单位的认购。乙在同年 11 月 3 日至 17 日不许甲进入涉案楼宇。甲于同年 11 月 18 日才可以进入涉案楼宇，同月 24 日，甲又促成一个单位的认购，并在该月 25 日至 27 日为促销而带人上楼参观。2016 年 12 月 5 日，甲没有按双方约定支付保证金。乙两次催告甲支付保证金，甲均未理会，乙遂没收了甲所支付的保证金。甲向澳门初级法院提起诉讼，认为乙在上述一段时间内不允许其带客人进入涉案楼宇参观，构成债务不履行，可以成为解除居间合作合同的理由；即使不构成不履行，亦可视为由迟延履行转为确定不履行，同样得以解除涉案合同。甲请求法院解除其与乙订立的多份合同，并判处乙向其支付港币 32 617 680 元及相关利息。

澳门法院裁判结果

澳门特别行政区初级法院裁定甲的诉讼理由不成立。甲不服，向澳门特别行政区中级法院提起上诉，澳门特别行政区中级法院裁定甲的上诉理由不成立，维持原判。甲仍不服，向澳门特别行政区终审法院提起上诉，澳门特别行政区终审法院裁定上诉败诉。法院生效判决认为，首先，甲被阻止进入相关大厦以促成单位之销售的情况，虽然很可能对其利益造成了损害，但只是暂时的，因为他在 2016 年 11 月 18 日已被再次允许进入楼宇。乙的行为构成迟延履行，但乙自 2016 年 11 月 18 日起让甲进入大厦促销单位显示其已终止了迟延履行并继续履行其合同义务。其次，甲在上述时间获准进入楼宇后继续促销，仿佛什么也没发生且双方达成的协议也完全有效一样，由此可见甲在当时仍想继续履行合同，并没有因为乙的迟延履行而丧失其对于给付的兴趣，而且甲也没有对乙进行催告，为其设定一个履行给付的期间，因此并未发生甲所主张的"确定不履行"的情况。故没有理由支持甲解除其与乙订立的多份合同的主张，以及判处乙支付其所请求款项。最后，虽然乙暂时不允许甲进入大厦的"迟延"极可能损害了其利益，然而却并无证据证明因迟延履行而影响销售并产生损失。由于未能认定存在损失，故法院驳回甲的请求。

内地法律适用分析

本案的核心争议是合同一方当事人迟延履行己方义务后，对方是否可以解除合同。迟延履行是合同的法定解除事由之一，并非所有的迟延履行都能产生合同解除的后果。第一种可以行使解除权的迟延履行情形是，当迟延履行主要债务经催告后仍未履行时，债权人可以解除合同。即当债务人迟延履行合同主要债务时，债权人并不当然能够解除合同，而是应向债务人发出履行债务的催告。催告的主要目的在于尽快确定宽限期，明确解除权行使的条件，债务人在宽限期届满时仍未履行的，债权人才有权解除合同。第二种情形是，当事人一方迟延履行债务致使不能实现合同目的。其判断标准是违约结果的客观严重性，即是否实际剥夺了债权人的履行利益，使当事人订立合同所追求的履行利益不能实现，如果合同目的能够实现，则一般不能行使法定解除权。本案中，乙与甲订立转委托销售合同，但在合同履行过程中，乙有15天不允许甲进入涉案楼宇，属于迟延履行合同义务，对甲销售房屋可能产生一定后果，但无证据证明乙构成根本违约。且乙恢复了合同履行之后，甲也继续履行合同，表明甲并无意解除合同，乙也有理由相信甲会继续履行合同。现甲主张解除合同，但解除条件并未成就，且与其之前继续履行合同的意思相悖，故其主张无法得到支持。

法条链接

《澳门民法典》第七百九十条：一、基于可归责于债务人之原因以致给付成为不能时，债务人须承担之责任与其因过错不履行债务而承担之责任相同。二、如有关债务系由双务合同产生，则债权人不论是否有权获得损害赔偿，亦得解除合同；如债权人已履行其给付，则有权要求返还全部给付。

《澳门民法典》第七百九十三条：一、债务人只属迟延者，即有义务弥补对债权人所造成之损害。二、基于可归责于债务人之原因以致未在适当时间内作出仍为可能之给付者，即构成债务人迟延。

《澳门民法典》第七百九十七条第一款：如因迟延而出现以下任一情况，则视为构成第七百九十条所指之债务不履行：a）债权人已丧失其于给付中之利益；b）给付未于债权人透过催告而合理定出之期间内作出。

《中华人民共和国民法典》第五百六十三条：有下列情形之一的，当事人可以解除合同：（一）因不可抗力致使不能实现合同目的；（二）在履行期限届满前，当事人一方明确表示或者以自己的行为表明不履行主要债务；（三）当事人一方迟延履行主要债务，经催告后在合理期限内仍未履行；（四）当事人一方迟延履行债务或者有其他违约行为致使不能实现合同目的;(五)法律规定的其他情形。以持续履行的债务为内容的不定期合同,当事人可以随时解除合同,但是应当在合理期限之前通知对方。

案例七：甲诉请保证人乙、丙虚伪赠与行为无效案

基本案情

2017年4月6日，甲公司、戊公司、乙及其妻子丙签署《对账函》协议，确认戊公司于2014年8月27日向甲公司借款人民币500万元，但戊公司未履行于7日内还款的承诺，因此欠下了自借款之日起至完全偿还借款之日止按照年利率10%计算的每月复利；于签订协议之日，戊公司尚欠借款本金人民币500万元和利息，合计人民币7 172 522.92元。在上述协议中，戊公司承诺于2017年12月30日之前

向甲公司偿还全部借款以及按照双方协议的方式计算的直到完全偿还欠款之日为止的利息；乙和丙则以连带责任方式保证该笔债款的偿还，为期两年，自戊公司偿还债款的期间届满之日起开始计算。乙和丙分别于2015年7月2日及7月22日通过订立公证书的方式向他们的未成年儿子丁赠与2套位于澳门特别行政区的房产。甲公司针对乙、丙以及丁向澳门特别行政区初级法院提起宣告之诉，要求法院宣告上述赠与行为因属于完全虚伪而无效，并补充请求宣告该等行为在满足甲公司的债权属必要的财产范围内不生效力。

澳门法院裁判结果

澳门特别行政区初级法院裁定诉讼理由不成立，驳回了甲公司的诉讼请求。甲公司不服，向澳门特别行政区中级法院提起上诉。澳门特别行政区中级法院裁定上诉理由成立，宣告乙和丙向丁作出的赠与2套房产的租赁承批权，包括建筑物所有权的法律行为无效。乙、丙、丁不服，向澳门特别行政区终审法院提起上诉。澳门特别行政区终审法院认为澳门特别行政区中级法院裁定相关赠与存在虚伪意思表示，进而宣告所订立的法律行为无效的做法是正确的，裁定乙、丙及丁的主上诉败诉，从而没必要对甲公司提起的从属上诉作出审理。法院生效判决认为，尽管已证实乙和丙订立了向丁赠与2套房产的公证书，但乙和丙的真实意图并非将涉案不动产以无偿方式移转给其儿子，而是想要制造一种这2套房产已不再是夫妻共同财产的表象，从而损害甲公司的利益，阻止其实现债权，这属于真实意思与所表达的意思不一致的情况，乙、丙及丁之间相互勾结作出有关行为，同时亦存有欺骗第三人特别是甲公司的意图。同时，相关赠与采用公证书的方式作出完全不妨碍法院就赠与人的意图作出裁定，因为公证员在上述法律行为中完全无法就心理或主观方面给予任何保障，公证员只是确认了当事人向其声明的内容。因此，法院认为乙、丙、丁的行为构成《澳门民法典》第232条第2款所规定的绝对虚伪的情况。

内地法律适用分析

本案的核心争议是债权人请求确认保证人的赠与行为无效的主张能否得到支持。保证合同包括一般保证和连带责任保证。一般保证中，当债务人不能履行到期债务时，保证人应承担保证责任。连带责任保证中，如果债务人没有履行到期债务，债权人既可以向债务人主张债权，也可以请求保证人承担保证责任。依据《中华人民共和国民法典》第146条的规定，行为人与相对人以虚假的意思表示实施的民事法律行为无效。本案中，乙、丙在应当承担保证责任的情况下，将房产赠与未成年儿子的意思表示是虚假的，其真实意图是转移财产，逃避借款协议所约定的保证责任，因此该赠与行为无效。

法条链接

《澳门民法典》第二百三十二条：一、如因表意人与受意人意图欺骗第三人之协议而使法律行为之意思表示与表意人之真正意思不一致，则该法律行为系虚伪行为。二、虚伪行为无效。

《澳门民法典》第二百七十三条：一、法律行为之标的，如在事实或法律上为不能、违反法律或不确定，则法律行为无效。二、违反公共秩序或侵犯善良风俗之法律行为无效。

《中华人民共和国民法典》第六百八十八条：当事人在保证合同中约定保证人和债务人对债务承担连带责任的，为连带责任保证。连带责任保证的债务人不履行到期债务或者发生当事人约定的情形时，债权人可以请求债务人履行债务，也可以请求保证人在其保证范围内承担保证责任。

《中华人民共和国民法典》第一百四十六条：行为人与相对人以虚假的意思表示实施的民事法律行为无效。以虚假的意思表示隐藏的民事法律行为的效力，依照有关法律规定处理。

案例八：甲诉请乙支付企业转让价款案

基本案情

甲欲出售一间位于澳门特别行政区的企业，2020年4月7日，乙与甲的丈夫丙就收购该企业进行商谈。甲与丙明知该餐厅最多仅可容纳34位顾客且该餐厅的阁楼不能合法地供顾客入座用膳，但仍有意向乙提供该餐厅可容纳70多人的不实信息。基于此信息，乙与丙达成共识，约定乙以港币35万元向甲收购该企业，并分别于2020年4月13日和6月4日订立预约合同及本约合同，且于预约合同签订日支付了港币15万元作为定金。其后，乙前往澳门特别行政区市政署办理饮食牌照更改持牌人的手续,获知该餐厅的饮食场所牌照只可允许34人同时就餐。此后,乙要求减少转让价金,甲予以拒绝。双方就补足余款数额的问题未达成共识。甲因此向澳门特别行政区初级法院提起诉讼,请求乙支付余款港币20万元及因协议额外购买并存放于企业的设备费用澳门币5200元,以及自2020年6月4日起至完全支付时止的法定利息。

澳门法院裁判结果

澳门特别行政区初级法院裁定乙须支付转让价金余款澳门币20万元,以及自2020年7月5日起计直至完全支付的法定利息。乙不服,向澳门特别行政区中级法院提起上诉。澳门特别行政区中级法院裁定上诉理由成立,废止一审判决的法律裁决,改判乙须向甲支付相当于港币10万元的澳门币及自澳门特别行政区中级法院判决日起计算的延迟法定利息。法院生效判决认为,即使在转让合同中未列明场所的容客量为影响转让价金的重要因素，但根据已证事实可知，容客量至少是设定转让价金的一项主要考虑因素。此外，已证事实亦清楚地显示甲在商议转让事宜过程中有违善意原则。在签订合同的商议阶段，参与的主体均必须根据《澳门民法典》第219条规定按善意原则行事，否则须承担民事损害赔偿责任。甲作为出让人，如在商议转让事宜时曾故意就场所可接待人数方面误导乙，使乙误信场所能接待较多的客人而接受一定的转让价金，则乙有权在甲提起追偿支付价金诉讼的答辩中主张其应付的价金按衡平原则减少。

内地法律适用分析

本案的核心争议是甲在订立企业转让合同时存在提供虚假情况的行为，乙是否能够以此抗辩减轻己方的付款义务。当事人从事民商事活动，应当坚持诚信原则，维护良好的市场交易环境。当事人在订立合同过程中，故意隐瞒与订立合同有关的重要事实或者提供虚假情况，造成对方损失的，应当承担赔偿责任。需要注意的是,"与订立合同有关的重要事实或情况"应指对相对人订约意愿、如何约定条款有重大影响的事实和情况,审判实践中需根据具体案情加以判断。本案中,甲的丈夫丙在与乙商谈企业转让过程中故意提供不实信息,导致乙产生错误认知并订立合同,该错误信息明显对乙决定受让涉案企业产生重大影响,应当承担缔约过失责任。鉴于合同已实际履行,乙作为受损害方,可以依据《中华人民共和国民法典》第500条的规定抗辩减少支付转让款,故乙拒付剩余价款有其合理性。

法条链接

《澳门民法典》第二百一十九条第一款:一人为订立合同而与他人磋商,应在合同之准备及形成阶段内按善意规则行事,否则须对因其过错而使他方遭受之损害负责。

《澳门民法典》第二百四十六条:一、意图或明知会使表意人陷于错误或继续陷于错误,而作出任何提议或使用任何手段者，视为欺诈；受意人或第三人隐瞒表意人之错误，亦视为欺诈。二、按照在法律交易上之一般观念视为正当之惯用提议或手段，只要不违反善意原则，即不构成可产生法律后果之欺诈；如按照法律、有关法律行为中之订定或上述观念，并无义务向表意人说明情况，则隐瞒错误亦不构成可产生法律后果之欺诈。

《中华人民共和国民法典》第七条：民事主体从事民事活动，应当遵循诚信原则，秉持诚实，恪守承诺。

《中华人民共和国民法典》第五百条：当事人在订立合同过程中有下列情形之一，造成对方损失的，应当承担赔偿责任：（一）假借订立合同，恶意进行磋商；（二）故意隐瞒与订立合同有关的重要事实或者提供虚假情况；（三）有其他违背诚信原则的行为。

案例九：银行申请宣告甲公司破产案

基本案情

2014年8月12日，甲公司与银行签订一份担保合同，银行按甲的要求向受益人支付港币11 425万元，银行支付后由甲向银行偿还该款项及支付利息、费用和佣金。之后，银行按甲的要求分别出具金额为港币32 637 687.20元及港币81 594 218元的两份保函，第一份保函的受益人为乙、已、庚及辛，第二份保函的受益人为乙。2015年5月20日，甲与银行签订第二份担保合同，银行按甲的要求向受益人支付一笔不超过港币2970万元的款项，银行支付后由甲向银行偿还该款项及支付利息、费用和佣金。之后，银行按甲的要求出具一份金额为港币 29 698 880 元的保函，受益人为乙、己、庚及辛。2016 年 1 月 15 日，银行接到甲的指示撤销金额为港币 81 594 218 元的保函，理由是该保函已于 2015 年 12 月 31 日到期且无须办理续期。2016 年 11 月 23 日，银行收到三封信函，分别要求银行支付前述港币 32 637 687.20 元、港币 81 594 218 元及港币 29 698 880 元的担保，理由是甲没有履行与他们订立的合同。银行于同年支付上述款项。就上述担保，甲尚未向银行偿还的款项分别为港币 97 396.51 元、港币 77 933 078.16 元及港币 159 691.17 元。为此，银行对甲提起执行之诉以清偿上述债务，因甲没有任何可以保证其偿还能力的资产。银行遂针对甲向澳门特别行政区初级法院提起宣告破产诉讼，要求宣告甲处于破产状态。

澳门法院裁判结果

澳门特别行政区初级法院认为甲不可能如期偿还有关债

务，宣告甲公司处于破产状态。甲不服，向澳门特别行政区中级法院提起上诉，澳门特别行政区中级法院裁定上诉败诉，维持被上诉决定。甲仍不服，向澳门特别行政区终审法院提起上诉，澳门特别行政区终审法院裁定甲提起的上诉败诉。法院生效判决认为，有关担保为一项独立担保，当事人不能基于被担保的关系抗辩对抗受益人。独立担保通常载于一份由银行签署并邮寄给受益人的文件中，通过受益人的默示接受而构成一份由银行和受益人订立的独立担保合同，只要受益人提出要求，无论是否附随特定文件，银行都有义务向受益人支付担保款项。被担保人不能与担保人达成废止担保的协议，否则将导致担保在实际上失去效用。订立独立担保合同的目的是保证甲与另一家公司订立的转承揽合同预付款的支付，为此合同规定了默示续期，只有在甲履行了还款义务之后，担保才会消灭。因此，尽管甲曾指示注销担保，但在受益人催告付款时，独立担保不能被视为已失效。同时，银行根据合同所产生的债务属于一项不得废止且无条件的债务，即使甲向银行发出不支付款项的通知，银行也必须向受益人作出支付。在银行作出支付后，有权要求甲偿还已支付的金额。由于甲未能证明其拥有收入或资产以如期偿还有关债务，亦未指出能立即偿还债务的方法，法院认定甲不可能如期偿还其债务。

内地法律适用分析

本案的核心争议是独立保函的认定以及破产程序的启动。根据有关法律规定，独立保函，是指银行或非银行金融机构作为开立人，以书面形式向受益人出具的，同意在受益人请求付款并提交符合保函要求的单据时，向其支付特定款项或在保函最高金额内付款的承诺。独立保函作为一种特殊的书面信用担保凭证，未载明可撤销的，一经开出即不可撤销，开立银行有责任按照保函承诺的条件向受益人付款。本案中甲与银行签订担保合同，形成担保合同关系，但因甲委托银行承担的担保为见索即付担保，应适用有关独立保函的法律规定。申请人甲无权撤销其委托的开立银行出具的独立保函，银行在受益人催告付款时支付款项符合法律规定。开立银行已向受益人履行了相关义务，其有权成为债权人向保函申请人甲追偿。甲不履行义务时，除有法定或者约定的免责情形外，银行可以诉至法院要求甲履行义务。当甲公司资不抵债无法清偿到期债务时，债权人可以向法院提出对甲进行重整或者破产清算的申请。法院将审查甲是否符合破产条件，进而裁定其是否进入破产程序。

法条链接

《澳门商法典》第九百五十三条：一、在下列情况下，受益人基于担保合同请求清偿之权利消灭：a）担保人收到受益人免除其承担义务之声明；b）受益人与担保人约定撤回担保；c）已清偿独立担保合同所指金额，但担保合同另有规定者除外；d）按下条之规定期限届满后担保失效。二、无须将载有独立担保之文件交还，亦可使受益人之权利消灭，但合同或担保人与受益人之间另有约定者除外。

《澳门民事诉讼法典》第一千零八十二条：除因上节之

特别规定而宣告商业企业主破产外，如证实发生下列任一事实，亦须宣告其破产：a）商业企业主未履行一项或一项以上之债务，且根据未履行之债务之数额及不履行之实际情况，显示债务人不能如期履行其债务……

《中华人民共和国企业破产法》第七条第二款：债务人不能清偿到期债务，债权人可以向人民法院提出对债务人进行重整或者破产清算的申请。

《最高人民法院关于审理独立保函纠纷案件若干问题的规定》第三条：保函具有下列情形之一，当事人主张保函性质为独立保函的，人民法院应予支持，但保函未载明据以付款的单据和最高金额的除外：（一）保函载明见索即付；（二）保函载明适用国际商会《见索即付保函统一规则》等独立保函交易示范规则；（三）根据保函文本内容，开立人的付款义务独立于基础交易关系及保函申请法律关系，其仅承担相符交单的付款责任。当事人以独立保函记载了对应的基础交易为由，主张该保函性质为一般保证或连带保证的，人民法院不予支持。当事人主张独立保函适用民法典关于一般保证或连带保证规定的，人民法院不予支持。

《最高人民法院关于审理独立保函纠纷案件若干问题的规定》第九条：开立人依据独立保函付款后向保函申请人追偿的，人民法院应予支持，但受益人提交的单据存在不符点的除外。

案例十：乙与用人单位劳动争议案

基本案情

甲基金会为澳门特别行政区某学校之准照持有实体。乙于2011年8月至2016年6月受聘于该校，担任中学普通话语文教师。学校未与乙就每周正常授课时间订立任何协议。在职期间，乙与学校曾签署一份《谅解协议》："……学校普通话教师实际授课节数涵盖《非高等教育私立学校教学人员制度框架》所定之正常工作时间、超时工作和超时授课。有关实际的超时工作和超时授课之总补偿，已载于……学校与普通话老师之劳动合同中。"而在双方签订劳动合同时，学校的人员已向乙清楚解释其有权收取的津贴已平均分配于基本报酬中，也曾告知其课程安排及报酬等事宜，包括基本报酬已涵盖所有正常教学活动的时间，而乙亦同意签署合同，且在职期间从未表达任何不满或提出反对意见。在职期间，该校以应由澳门特别行政区政府发放的专业发展津贴已平均每月在乙的报酬中发放为由，分别10次在其工资中扣除，合计澳门币174 700元。其间，学校为乙安排每周授课的节数部分超过了每周18节课的上限，超出授课节数分别为148节、310节、272节及307节，但校方未向乙作出过任何金钱补偿，包括正常报酬及额外报酬。乙向澳门特别行政区初级法院提起诉讼，请求判处甲基金会向其支付澳门币556 896.15元的赔偿及相关法定利息。

澳门法院裁判结果

澳门特别行政区初级法院裁定乙提起的诉讼理由成立，判处甲基金会须向乙支付澳门币556 896.15元的赔偿及法定迟延利息。甲基金会不服，向澳门特别行政区中级法院提起上诉。澳门特别行政区中级法院裁定上诉理由不成立，维持原审判决。法院生效判决认为，澳门特别行政区政府为教学人员发放的专业发展津贴并不属于其报酬的组成部分，不符合《澳门劳动关系法》第64条第1款规定的禁止扣除报酬的例外情况即"作为报酬而进行的预支"，即作为雇主的甲基金会不得扣除乙的报酬。此外，乙向大学提供的工作量明显多于《澳门非高等教育私立学校教学人员制度框架》第31条第1款所订立的每周18节课，虽然双方签订了《谅解协议》，其中乙同意每月报酬涵盖所有超时工作补偿，但该协议明显有违《澳门劳动关系法》第14条第2款及第3款所给予雇员的最低保障。另外，劳动收益在劳动关系结束前基本上属于员工不可处分的权利，因此，有关协议要求员工在任职期间接受实际上等同于放弃应有超时工作报酬的工作条件，毫无疑问是无效的。

内地法律适用分析

本案的核心争议是用人单位能否随意克扣津贴，以及能否以签订协议的方式免除应当向劳动者发放的加班费。劳动权是公民的基本权利之一，内地出台了多项法律法规以加强劳动者权益保障。获取劳动薪酬的权利是劳动者持续行使劳动权不可或缺的物质保证。劳动法中的"工资"，是指用人单位依据国家有关规定或劳动合同的约定，以货币形式直接支付给本单位劳动者的劳动报酬，一般包括计时工资、计件工资、奖金、津贴和补贴、延长工作时间的工资报酬以及特殊情况下支付的工资等。本案中，用人单位随意克扣津贴的行为违反了《中华人民共和国劳动合同法》的规定，属于用人单位克扣或者无故拖欠劳动者工资的违法行为。对于加班费用，《中华人民共和国劳动合同法》第31条明确规定，用人单位安排加班的，应当向劳动者支付加班费用，并且规定了加班费的具体计算标准。劳动者与用人单位就自愿放弃加班费达成的协议，因免除了用人单位的法定责任，显失公平，应认定为无效。

法条链接

《澳门民法典》第二百八十七条：违反强行性之法律规定而订立之法律行为无效，但法律另有规定者除外。

《澳门劳动关系法》第十四条第二款、第三款：二、雇主与雇员可协定与本法律的规定有异的合同条款，但其施行不可使雇员的工作条件低于本法律的规定。三、如在合同中订定的工作条件低于本法律对雇员的工作条件的规定，则该合同条款视为不存在，并以本法律的规定代替。

《中华人民共和国劳动法》第十七条：订立和变更劳动合同，应当遵循平等自愿、协商一致的原则，不得违反法律、行政法规的规定。劳动合同依法订立即具有法律约束力，当事人必须履行劳动合同规定的义务。

《中华人民共和国劳动合同法》第三十条第一款：用人单位应当按照劳动合同约定和国家规定，向劳动者及时足额支付劳动报酬。

《中华人民共和国劳动合同法》第三十一条：用人单位

应当严格执行劳动定额标准,不得强迫或者变相强迫劳动者加班。用人单位安排加班的,应当按照国家有关规定向劳动者支付加班费。